Los conejos

Lori Dittmer

CREATIVE EDUCATION

semillas del saber

Publicado por Creative Education
P.O. Box 227, Mankato, Minnesota 56002
Creative Education es una marca editorial
de The Creative Company
www.thecreativecompany.us

Diseño de Ellen Huber; producción de Dana Cheit
Dirección de arte de Rita Marshall
Impreso en los Estados Unidos de América
Traducción de TRAVOD, www.travod.com

Fotografías de Alamy (Arco Images GmbH), iStockphoto (Bob_Eastman, chengyuzheng, ChuckSchugPhotography, coramueller, Dorottya_Mathe, GlobalP, jimmyjamesbond, Kikovic, Leoba, lex-ukr, Ljupco, Oleksandr Lytvynenko, mauro_grigolio, Neil_Burton, Oktay Ortakcioglu, Photocech, saje, vasiliki, Voren1), Shutterstock (IrinaK, Volodymyr Plysiuk)

Información del Catálogo de publicaciones de la Biblioteca del Congreso is available under PCN 2018931123.
ISBN 978-1-64026-093-1 (library binding)

9 8 7 6 5 4 3 2 1

TABLA DE CONTENIDO

¡Hola, conejos!

Conejos peludos saltan por los prados. También viven en los bosques.

¡Algunos podrían estar en tu jardín!

Hay muchos tipos de conejos.

Los conejos de cola de algodón viven en el continente americano.

Algunos conejos son
adoptados como mascotas.

Los conejos oyen con sus orejas largas.

Con sus grandes ojos miran todo alrededor.

Golpean al suelo con sus patas para hablar con otros conejos.

Los conejos comen plantas.

Mordisquean la hierba, las hojas, las semillas y la corteza de los árboles.

Los conejitos nacen en nidos acogedores. Al principio no tienen pelo.

Las mamás conejo tienen muchas camadas por año.

Los conejos veloces se escapan de otros animales.

Se esconden en la hierba.

¡Adiós, conejos!

Dibuja un conejo

ojo
pata
bigotes
pie

Palabras que debes saber

camadas: grupos de crías nacidas al mismo tiempo

conejitos: conejos bebé

golpear: golpear algo y causar un ruido

praderas: tierras que en su mayoría están cubiertas de pastos

Índice